VELOCIDAD INCREÍBLE

FIEBRE POR LAS MOTONIEVES

De Craig Stevens
Traducción de Santiago Ochoa

Un libro de El Semillero de Crabtree

CRABTREE
Publishing Company
www.crabtreebooks.com

Índice

Las motonieves dominan la nieve.........4
Trabajo y diversión.................................14
Motonieves extremas..............................18
Prepárate..22
Glosario..23
Índice analítico.......................................23

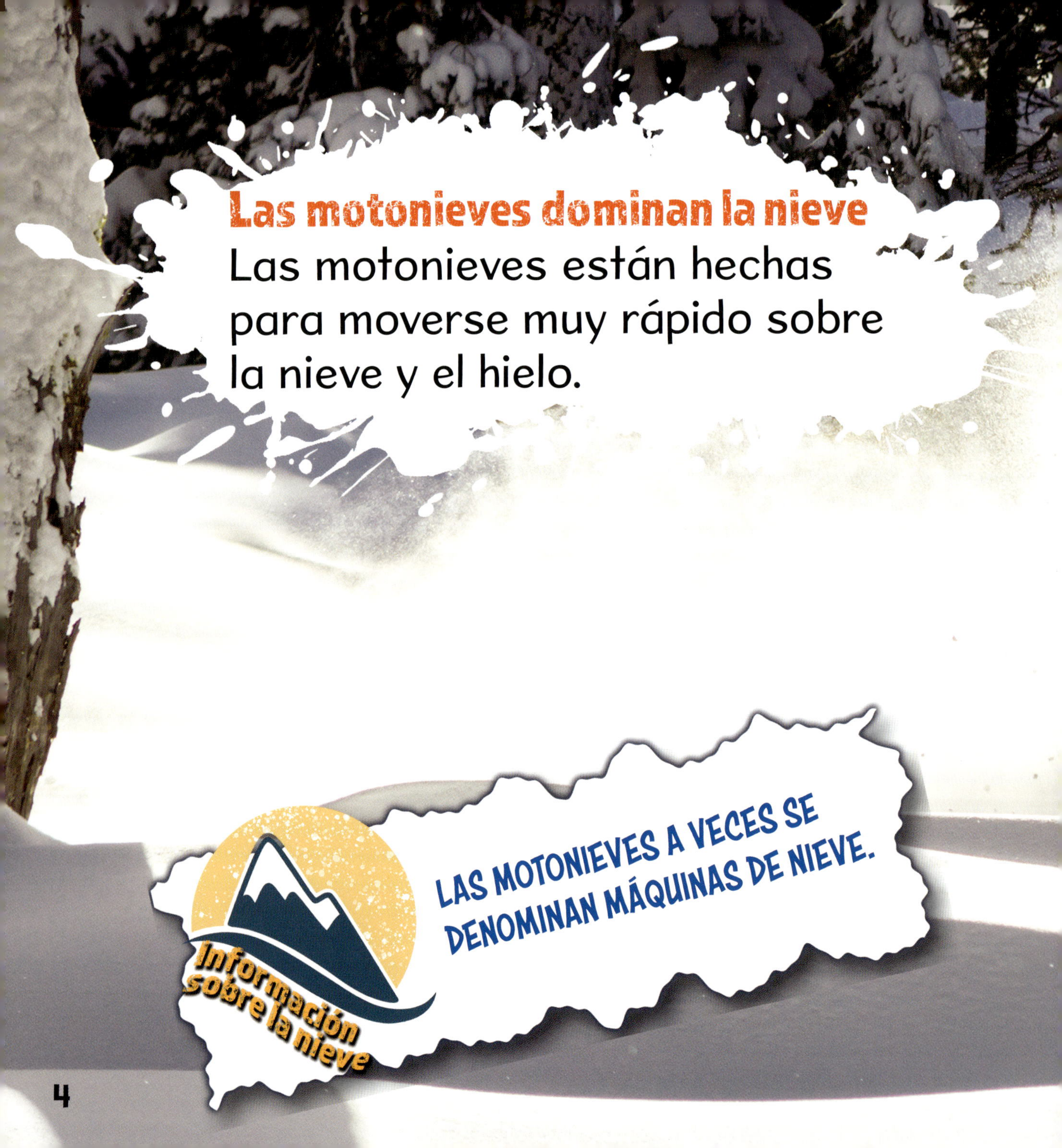

Las motonieves dominan la nieve

Las motonieves están hechas para moverse muy rápido sobre la nieve y el hielo.

Información sobre la nieve

LAS MOTONIEVES A VECES SE DENOMINAN MÁQUINAS DE NIEVE.

esquí

Los esquís de una motonieve ayudan a la moto a **deslizarse** por **terrenos** nevados y helados.

Información sobre la nieve

LOS ESQUÍS ESTÁN MUY SEPARADOS PARA QUE LA MOTONIEVE SEA MÁS ESTABLE.

El piloto dirige los esquís con el manubrio.

El primer vehículo todo terreno (ATV) se construyó a principios de los años 80.

oruga
de goma

Una oruga de goma ancha en la parte trasera proporciona una gran **tracción** a la motonieve.

Información sobre la nieve

LA ORUGA DE GOMA TAMBIÉN EVITA QUE LA MOTONIEVE SE HUNDA EN LA NIEVE BLANDA.

asiento: Algunos están hechos para dos pilotos, más el apoyo para la espalda.

manubrio: Para dirigir la motonieve.

manijas de agarre: Para que los pasajeros se sujeten.

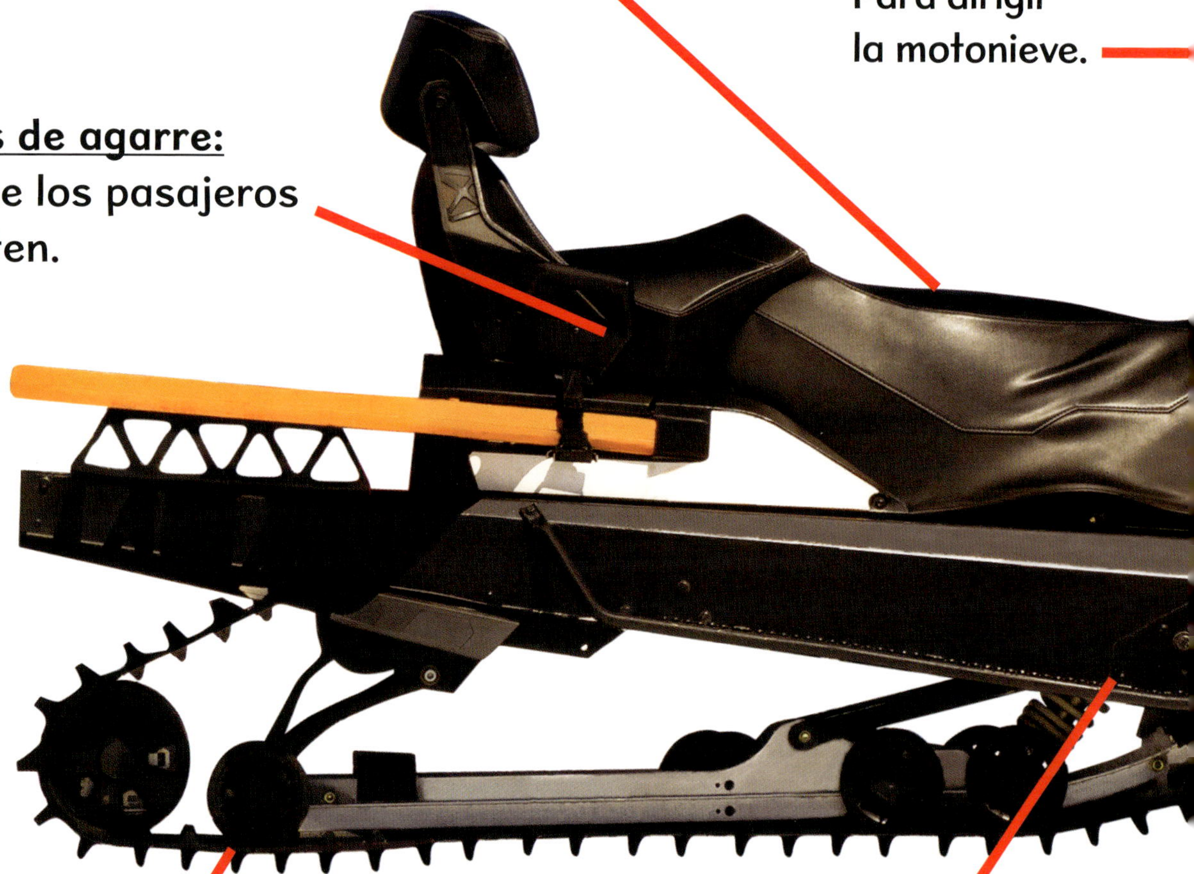

oruga de goma: Proporciona tracción en la nieve y en el hielo para que el vehículo se mueva más fácilmente y no se hunda en la nieve blanda.

rueda guía: Las ruedas de espigas ayudan a girar las orugas de goma.

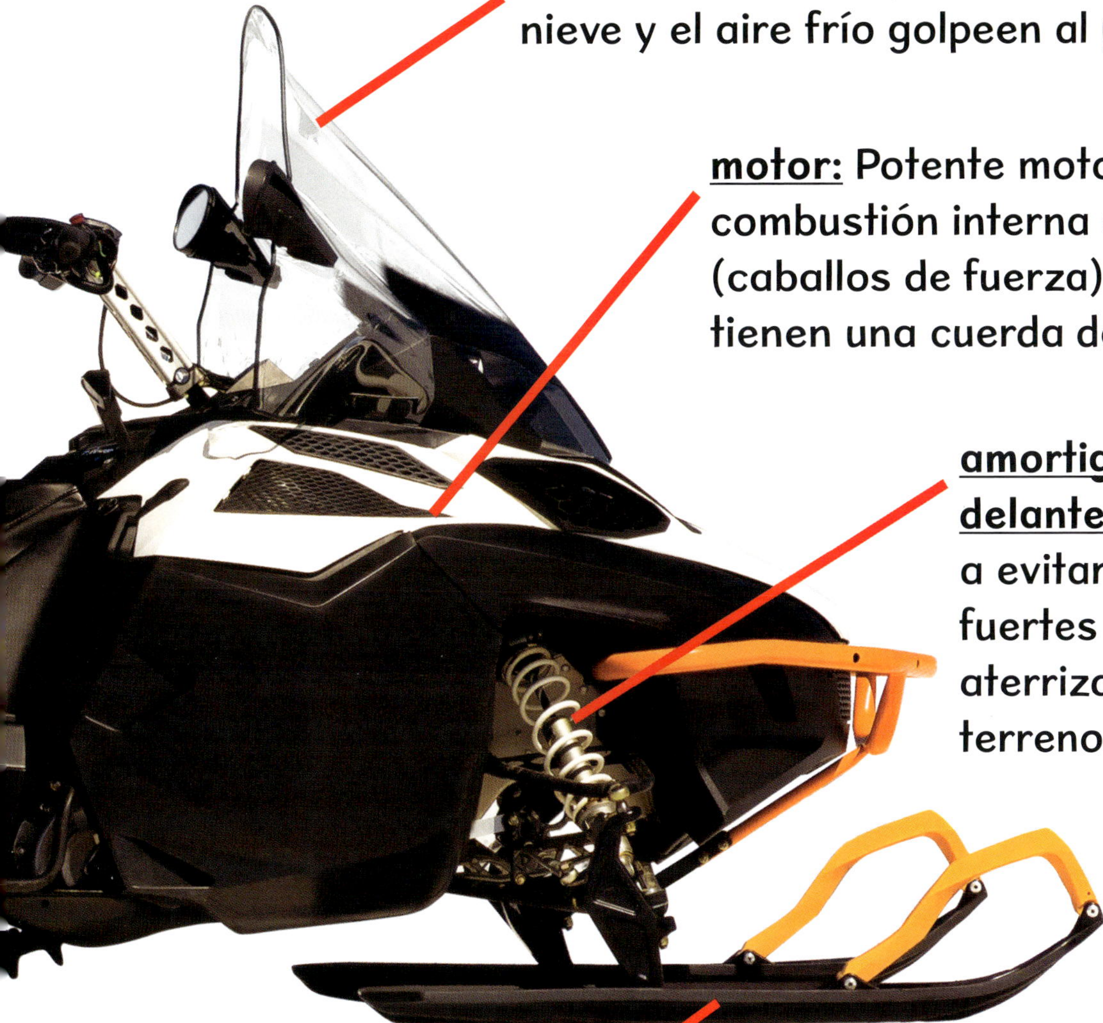

parabrisas: Evita que el barro, la nieve y el aire frío golpeen al piloto.

motor: Potente motor de combustión interna de 150 hp (caballos de fuerza); algunos tienen una cuerda de encendido.

amortiguadores delanteros: Ayudan a evitar los golpes fuertes de los aterrizajes y del terreno quebrado.

esquís: Permiten que la parte delantera de la motonieve «flote» sobre la nieve; el piloto dirige los esquís con el manubrio.

Trabajo y diversión

La mayoría de las motonieves se utilizan para la **recreación**.

¡Pero algunas personas tienen que conducir una motonieve en su trabajo!

Información sobre la nieve

LOS GUÍAS DE AVENTURAS LLEVAN A LA GENTE A LUGARES **REMOTOS** Y NEVADOS EN MOTONIEVES. ¡A VECES PARA VER OSOS POLARES!

Información sobre la nieve

LOS EQUIPOS DE RESCATE UTILIZAN MOTONIEVES PARA SACAR A LOS HERIDOS DE LAS MONTAÑAS NEVADAS.

Motonieves extremas

Los pilotos llevan las motonieves al límite: ¿hasta dónde pueden saltar?, ¿qué velocidad pueden alcanzar?

Información sobre la nieve

ALGUNOS PILOTOS EXPERIMENTADOS APRENDEN A HACER PIRUETAS CON SUS MOTONIEVES.

Información sobre la nieve

EN ALGUNAS COMPETENCIAS, LOS PILOTOS HAN SALTADO MÁS DE CUATROCIENTOS PIES (122 METROS) EN UNA MOTONIEVE.

El *snocross* es un deporte de carreras muy popular. Los pilotos compiten a altas velocidades y se enfrentan a giros cerrados y saltos que revuelven el estómago.

Información sobre la nieve

LA CARRERA TERMINA CUANDO TODOS LOS PILOTOS CRUZAN LA BANDERA DE CUADROS.

Prepárate:

- Lleva la ropa adecuada: montar en motonieve es una actividad de clima frío. El viento hará que se sienta aún más frío.
- Asegúrate de llevar casco y gafas.
- Debes saber dónde se encuentran las manijas de agarre para el pasajero en caso de llevar uno.
- Los conductores deben encontrar la distancia adecuada para alcanzar el manubrio y los frenos.
- Las máquinas de encendido eléctrico se ponen en marcha cuando se gira la llave a la posición de encendido. Otras máquinas requieren que el conductor tire de una cuerda de encendido.
- El acelerador y el freno están en el manubrio. El acelerador controla la potencia del motor y el freno detiene la máquina. La máquina comienza a moverse al tirar lentamente de la palanca del acelerador.
- Conduce de manera segura y diviértete.

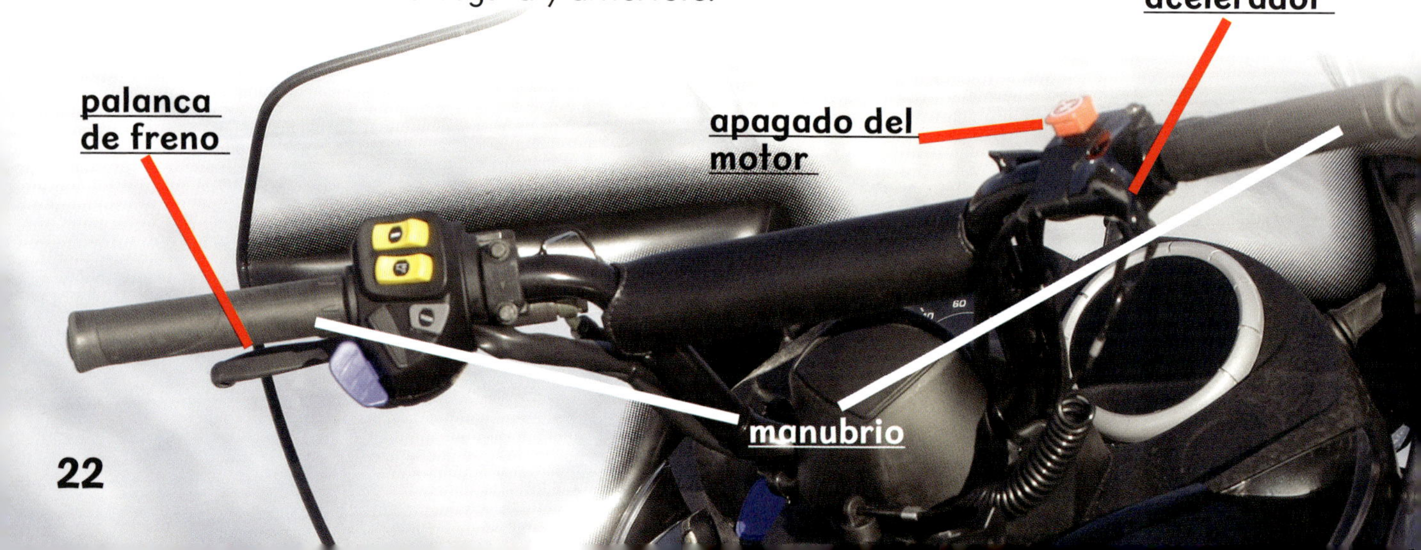

Glosario

deslizarse: Desplazarse suavemente.

estable: Firme, que permanece en un mismo lugar.

recreación: Pasatiempos y deportes que le gusta hacer a la gente en su tiempo libre.

remotos: Lejos de pueblos y ciudades.

terrenos: Tipos de suelo, como rocoso, arenoso o nevado.

tracción: El poder de agarre de algo que se mueve sobre una superficie.

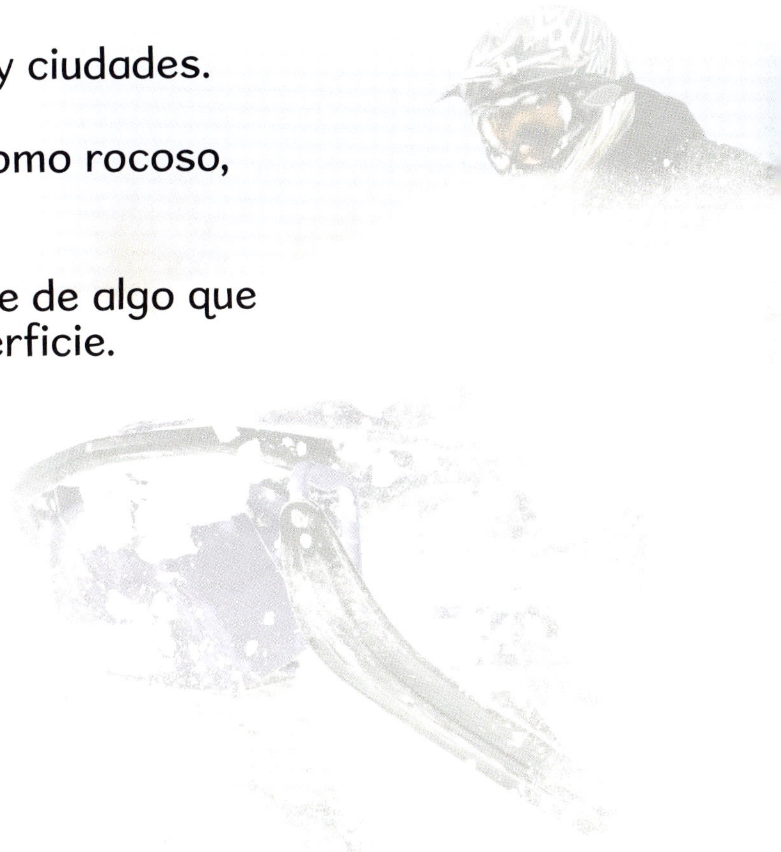

Índice analítico

equipos de rescate: 17
esquí(s): 6–8, 13
guías de aventuras: 16
manubrio(s): 8, 13, 22
oruga de goma: 10–12
saltar(ado, os): 18–20
snocross: 20

Apoyo escolar para cuidadores y profesores

Este libro ayuda a los niños a crecer permitiéndoles practicar la lectura. A continuación se presentan algunas preguntas orientativas para ayudar al lector a desarrollar su capacidad de comprensión. Las posibles respuestas que aparecen aquí están en color rojo.

Antes de leer

- **¿De qué creo que trata este libro?** Creo que este libro trata de divertirse al conducir una motonieve. Creo que este libro trata sobre las carreras de motonieves.
- **¿Qué quiero aprender sobre este tema?** Quiero aprender más sobre cómo hacer piruetas en una motonieve. Quiero aprender dónde puedo montar en una motonieve.

Durante la lectura

- **Me pregunto por qué...** Me pregunto por qué las motonieves no se hunden en la nieve blanda. Me pregunto por qué algunas motonieves requieren que se tire de una cuerda de encendido.
- **¿Qué he aprendido hasta ahora?** He aprendido que hay que llevar casco y gafas cuando se conduce una motonieve. He aprendido que algunos pilotos han saltado más de cuatrocientos pies (122 metros) en una motonieve.

Después de leer

- **¿Qué detalles he aprendido sobre este tema?** He aprendido que los equipos de rescate utilizan las motonieves para sacar a los heridos de las pistas de esquí. He aprendido que las motonieves tienen amortiguadores delanteros para evitar los golpes fuertes de los aterrizajes y del terreno complicado.
- **Vuelve a leer el libro y busca las palabras del glosario.** Veo la palabra *terrenos* en la página 7, y la palabra *tracción* en la página 11. Las demás palabras del glosario se encuentran en la página 23.

Library and Archives Canada Cataloguing in Publication

Available at the Library and Archives Canada

Library of Congress Cataloging-in-Publication Data

Available at the Library of Congress

Crabtree Publishing Company

www.crabtreebooks.com 1–800–387–7650

Print book version produced jointly with Blue Door Education in 2023

Written by: Craig Stevens
Translation to Spanish: Santiago Ochoa
Spanish-language Copyediting and Proofreading: Base Tres
Print coordinator: Katherine Berti

Photo Credits: www.istock.com, ww.shutterstock.com, COVER: shutterstock.com | glen gaffney. PG 2-3: istock.com | Delpixart. PG 4-5: istock.com | Kamrin Nielsen. PG 6-7: shutterstock.com | Nate Allred. PG 8-9: shutterstock.com | Mary Anne Love. PG 10-11: shutterstock.com | Parilov. PG 12-13: istock.com | Lilkin. PG 14-15: istock.com | Sergei Chuyko, istock.com | Kaybe70. PG 16-17: shutterstock.com | Pavel L Photo and Video shutterstock.com | Tyler Olson. PG 18-19: shutterstock.com | Brad Angus shutterstock.com | Konstantin Zaykov. PG 20-21: shutterstock.com | Nate Allred, shutterstock.com | resilva. PG 22-23: istock.com | aarontwa, ©Joseph Mercier | Dreamstime.com

Published in the United States
Crabtree Publishing
347 Fifth Ave.
Suite 1402-145
New York, NY 10016

Published in Canada
Crabtree Publishing
616 Welland Ave.
St. Catharines, Ontario
L2M 5V6

Printed in the U.S.A./062022/CG20220124